de Menina a Mulher

Cinco Coisas...

...sobre felicidade e bem-estar!

de Menina a Mulher

CINCO COISAS...

...sobre felicidade e bem-estar!

Drica Pinotti

Alegro

Editoração Eletrônica: DTPhoenix Editorial

Ilustrações: Fabrício Sena e Lattin Media

Revisão Gráfica: Edna Cavalcanti / Cristina Loureiro

Projeto Gráfico
Editora Campus/Elsevier
A Qualidade da Informação
Rua Sete de Setembro, 111 — 16º andar
20050-006 — Rio de Janeiro — RJ — Brasil
Telefone: (21) 3970-9300 Fax (21) 2507-1991
E-mail: info@elsevier.com.br
Escritório São Paulo
Rua Quintana, 753 — 8º andar
04569-011 — Brooklin — São Paulo — SP
Telefone: (11) 5105-8555

ISBN 85-1888-2

Nota: Muito zelo e técnica foram empregados na edição desta obra. No entanto, podem ocorrer erros de digitação, impressão ou dúvida conceitual. Em qualquer das hipóteses, solicitamos a comunicação à nossa Central de Atendimento, para que possamos esclarecer ou encaminhar a questão.

Nem a editora nem o autor assumem qualquer responsabilidade por eventuais danos ou perdas a pessoas ou bens, originados do uso desta publicação.

Central de atendimento
tel.: 0800-265340
Rua Sete de Setembro, 111, 16º andar — Centro — Rio de Janeiro
e-mail: info@elsevier.com.br
site: www.campus.com.br

CIP-Brasil. Catalogação-na-fonte.
Sindicato Nacional dos Editores de Livros, RJ

P725c Pinotti, Drica
Cinco coisas sobre felicidade e bem-estar!: de menina a mulher / Drica Pinotti. — Rio de Janeiro: Elsevier, 2005.
il.

ISBN 85-352-1888-2

1. Mulheres — Conduta. 2. Mulheres — Saúde e higiene. 3. Felicidade. I. Título.

CDD 305.42
05-2749 CDU 316.346.2-055.2

Apresentação

Todos os dias são mais ou menos assim: a gente acorda, toma banho (as limpinhas, é claro!), engolimos o café e começamos o dia, cheias de atividade, porém nem sempre cheias de energia!

Escola, natação, balé, aula de arte, inglês, aula disso, daquilo, enfim é aula que não acaba mais!!! Por tudo isso nós precisamos estar preparadas para essa rotina puxada de "trabalho".

Cinco coisas... vem para dar uma mãozinha pra você que precisa recarregar as energias e estar maravilhosa em tudo que se propõe a fazer. É que a vida só nos dá uma chance de sermos realmente felizes ou de buscarmos a felicidade, e ela não está em sonhos não realizados ou no amor eterno (que, aliás, nem sei se existe!), mas sim na sua capacidade e habilidade de transformar o seu dia-a-dia em uma verdadeira festa. Uma explosão de alegria que vai fazer de você um ímã de coisas boas.

Vamos combinar? Quem não gosta de estar de bem com a vida? Ou estar perto de pessoas que estão sempre de "alto-astral"? Você também pode ser assim! Outro dia li uma frase maravilhosa, que, na minha opinião, resume o que é viver e ser feliz todos os dias. A frase dizia assim: “A felicidade não está na ausência de problemas e sim em como você administra e resolve os seus problemas”.

Acho que é isso! Quando ficamos chorando por algo que nos aconteceu e não vamos à luta para reverter a situação, temos a sensação de que somos perdedoras e infelizes com nossa vida, mas quando encaramos os problemas de frente, e solucionamos cada um com coragem e inteligência, a sensação de realização de algo ou mesmo eliminação de um obstáculo é que traz a tão sonhada felicidade!

Essa nova coleção veio para ser sua parceira nessas pequenas descobertas do que é realmente importante na vida de uma mulher, e espera sem pretensão colaborar com o seu crescimento pessoal.

Boa leitura! Divirta-se e boa sorte na sua caminhada!

CINCO COISAS SOBRE
FELICIDADE E BEM-ESTAR!

Cinco dicas... para ficar "Zen".

Nada de estresse! O que queremos, ou melhor, fazemos questão é de termos dias de profunda e completa harmonia. Para isso tente se manter “Zen”!

1. Quando o pessimismo te pegar, ligue o rádio e ouça a sua música preferida bem alto!

2. Medite e faça alongamento! E sorria muito!!!

3. Acenda um incenso no seu quarto, ele ajudará a renovar as energias do lugar.

4. Mantenha a alimentação saudável e com pouca carne vermelha (não abandone a carne vermelha definitivamente, ela possui proteínas essenciais ao seu crescimento).

5. Agradeça as coisas boas que recebe da vida e peça força para superar as ruins!

COMO É BOM
TER PAZ
"EXTERIOR"!

Cinco coisas... sobre dançar, dançar e dançar!!!

Dançar é uma delícia!!! Mas não é só isso. Praticar algum tipo de dança traz vários benefícios ao corpo.

1. Libera endorfina, o que dá uma sensação de alegria e bem-estar.

2. Melhora a postura, pois alonga a coluna.

3. Melhora a flexibilidade do corpo.

4. Aumenta a oxigenação no cérebro, melhorando assim a concentração.

5. Acelera o metabolismo, ou seja, queima mais calorias e faz emagrecer.

EU ADORO DANÇAR!
DANÇAR!

Cinco coisas... fundamentais sobre a dança!

Dançar é tão bom que merece mais... então, mais cinco motivos para você sair dançando agora!!!

1. Modela a cintura e ajuda a perder aquela barriguinha que “ninguém merece”.

2. Fortalece o sistema imunológico.

3. Tonifica as pernas, tornando-as musculosas, porém torneadas.

4. É uma atividade física completa, pois mexe com o corpo todo.

5. E nos deixa de bem com a vida! Eh! Beleza!!!

O QUE ACONTECEU QUE VOCÊ ESTÁ TÃO FELIZ?
NADA...
ESTOU LIBERANDO A ENDORFINA!

Cinco coisas... sobre como tirar mais proveito da vida.

Com a minha pouca experiência de vida, mas baseada em um senso de observação enorme e muita curiosidade, vou dividir com vocês algumas descobertas que me fazem viver melhor!

1. Aproveite ao máximo todo o seu poder, beleza, ingenuidade e leveza da adolescência, pois quando adulta você não terá mais chances para isso.

2. Tire milhares de fotos, pois daqui a 20 anos você vai entender a importância de se ver linda, em forma e cheia de energia da juventude.

3. Não viva em função do futuro, mas esteja preparada para quando ele chegar.

4. Enfrente os medos da sua vida. Após superá-los você percebe que não eram tão grandes assim!

5. Comprometa-se com seus sonhos. Realize-os!

Cinco coisas... para neutralizar uma amiga intrometida.

Essa todo mundo tem. Ah, tem! Amiga de todas as horas, todas as horas mesmo, ela fica te vigiando o tempo todo, imita o que você faz e critica tudo o que você tem e ela não pode ter. Adora falar mal de você para as suas outras amigas e se meter onde não deve. Mas tudo bem... descubra como se livrar dessa "amigona".

1. Seja honesta sempre. Diga o que pensa doa a quem doer. Seja cautelosa com os sentimentos dos outros, mas nunca deixe de passar a sua mensagem.

2. Tenha paciência, afinal ela não fará parte da sua turma para sempre.

3. Ignore as provocações. É o melhor a fazer nestes casos.

4. Divida o "fardo" com outras amigas. Você não precisa agüentá-la sozinha.

5. Trate-a com carinho. Talvez ela só precise disso para se tornar alguém melhor.

QUE NOTA VOCÊ TIROU HANNA? A PROVA ESTAVA DIFÍCIL, NÉ?
AINDA NÃO VI A PROVA, NÃO SEI QUE NOTA TIREI!
AH! É MELHOR EU NÃO FICAR ESNOBANDO MEU SUPER 10 POR AÍ! NÃO SEI SE ELA FOI TÃO BEM COMO EU! É MELHOR NÃO ARRISCAR!
NÃO VIU É? ACHO QUE ESTÁ COM VERGONHA DE CONTAR QUE NÃO FOI BEM NA PROVA! E EU ESTAVA LOUCA PRA COMENTAR MINHA SUPERNOTA 6,5!

Cinco bons motivos...
para ficar longe das drogas.

Drogas são caso sério. Assunto pesado pra botar no meio do nosso papo, entre amigas. Mas vou lhe dar cinco bons motivos pra ficar longe delas:

1. O principal deles é que as drogas acabam com seus neurônios, e você vai precisar deles por muito tempo ainda!

2. Além dos neurônios, todo o seu organismo é comprometido, e até de forma irreversível.

3. Ainda tem o aspecto legal. Usar drogas pode levá-la a ter problemas com a justiça. O que não é nada agradável!

4. Um outro aspecto é o social. As drogas alimentam a indústria do crime. Você não vai querer fazer parte da quadrilha, vai?

5. Diga NÃO, bem alto, às drogas!

UFA!
AINDA BEM QUE ESSE DIA JÁ ACABOU...
O QUE VOCÊ TEM CAROL?
NEM PARECE AQUELA GAROTA ALTO-ASTRAL QUE EU CONHEÇO!
QUAL É MESMO O SEU "MANTRA" DA ALEGRIA E DO ALTO-ASTRAL?
NÃO SEI, ESQUECI!

Cinco coisas... que fazem mal ao espírito.

Não envenene o seu espírito com coisas que não valem a pena. A vida é bela, mas apenas para quem sabe vivê-la!

1. Não perca tempo com inveja.

2. Não dê valor ao “pedigree”!

3. Não se apegue às ofensas e humilhações.

4. Não se vingue!

5. E não tente ser o que, definitivamente, você não é!

DAILI, DAILI... NÃO BEBA ISSO...
UFA!
AI... NÃO BEBA ISSO! FAZ MAL AO ESPÍRITO!
COMO ASSIM?
TAÍ!

Cinco coisas... que fazem bem à alma.

Você deve praticar desde já alguns rituais que fazem muito bem à alma. E, quando ficar mais velha, você entenderá e me agradecerá pelo toque.

1. Guarde as cartas e bilhetinhos "fofos" de amor. Mesmo que o autor não seja mais importante pra você.

2. Guarde as fotos deles também. Na velhice isso ajuda nos exercícios de memória. Pode acreditar, um dia você vai precisar!

3. Tire e guarde muitas fotos suas, várias fases, vários amigos, toda a família... Recordar é viver!!!

4. Colecione os presentes. Mesmo os que já não servem mais. Mantenha uma gavetinha só para eles.

5. E o principal: guarde todas as suas agendas em saquinhos "antimofo". Um dia você vai querer conhecer a adolescente que foi, e vai se divertir com as descobertas.

EU GUARDO AQUI TODOS OS BILHETES E CARTINHAS QUE RECEBO.
EU TAMBÉM GUARDO TODAS AS CARTINHAS QUE RECEBO DOS AMIGOS.
DESCULPA! O ARMÁRIO JÁ ESTÁ PEQUENO PARA TANTOS AMIGOS!

Cinco coisas... que é bom ter em mente.

Quando somos jovens nos preocupamos demais com algumas coisas e isso deixa a vida um pouco acinzentada. Não faça isso com você! Tenha em mente apenas alguns conselhos:

1. Não extrapole o limite da juventude, para não condenar o seu corpo na velhice.

2. Não seja egocêntrica, mas também não seja crítica demais consigo mesma.

3. Cuide bem do seu corpo e da sua mente, você precisará deles, por pelo menos mais 60 anos.

4. Tudo na vida tem 50% de chance de dar certo e 50% de chance de dar errado. Arrisque-se!!!

5. Conserve dentro de você a coisa mais bonita da sua juventude: a própria juventude! Não deixe sua mente envelhecer jamais!!!

EU QUERO MUITO ISSO... MAS....
SE TUDO O QUE EU QUISER DA VIDA, TEM 50% DE CHANCE DE SER MEU...
ENTÃO...50% DE TUDO QUE HÁ NO MUNDO JÁ É MEU!

Cinco coisas... que você nunca deve deixar de usar!

Algumas coisas nos acompanham a vida toda. Não vacile, nunca deixe de usá-las, pois elas são importantes para o seu bem-estar e o dos outros.

1. Use fio dental!

2. Use filtro solar!

3. Use creme hidratante para o corpo.

4. Nunca deixe de cantar ao chuveiro.

5. Nunca deixe na gaveta os "valores" herdados de seus pais!

ECA!!!

Cinco coisas... para quando envelhecer.

Jovens acham que nunca vão chegar aos 40 anos. Mas, pasmem! Eu também era assim e hoje fico indignada quando alguma garota me diz que o "Brad Pitt aos 40 é um coroa muito gato". Coroa? Como assim? Ele é apenas nove anos mais velho que eu! E vamos combinar, eu me sinto ótima no auge dos meus 31 aninhos. Então aprendam desde já:

1. Nós (acima dos 30) odiamos quando nos chamam de "tio" ou "tia".

2. Mantenha alguns amigos de infância. Na maturidade você vai precisar deles para rir um pouco da vida!

3. Aceite fatos que você não pode mudar. Isso lhe poupará rugas. Eu garanto!

4. Cuide da pele a partir dos 25 anos. Mas use filtro solar desde já.

5. Aprenda a ser independente, não espere que ninguém segure a sua barra! Um dia você pode se ver sozinha. E aí?

SABE DAILI, DA VIDA NÓS PRECISAMOS TIRAR O MÁXIMO DE APRENDIZADO PARA A VELHICE!
A MINHA AVÓ SEMPRE DIZ ISSO!
E ELA APRENDEU MUITAS COISAS BOAS?
ACHO QUE SIM.
ACHA? ELA NÃO TE CONTOU?
NÃO. ELA ESQUECEU!

Cinco coisas... sobre privacidade.

Todo mundo gosta de ter o seu cantinho, sua agenda ou diário, abrir suas próprias cartas. Essas coisas fazem parte da nossa privacidade. Um momento só nosso que não gostamos de dividir com ninguém, e nossa família precisa entender isso!

1. É crime abrir correspondência alheia.

2. Se seus pais ou irmãos têm mania de ler seus e-mails, não tem saída: senha neles.

3. Proteja o seu diário contra intrometidos, esconda-o em lugar seguro!

4. Deixe bem claro para a sua família a sua política de privacidade, para que eles entendam que você precisa ter os seus segredos.

5. O mais importante para ser respeitado é respeitar a privacidade dos outros. Então não invada o espaço alheio, não mexa nas coisas dos seus irmãos e dos seus pais, pois só assim você conseguirá manter a sua privacidade!

AH! A MINHA CORRESPONDÊNCIA!
VOCÊ NÃO LEU AS MINHAS CARTAS...
...LEU?

Cinco coisas... sobre a escola.

Ir às aulas pode parecer algo chato e muito tedioso às vezes. Mas pode ser diferente se você olhar as coisas por outro ângulo.

1. A escola é um ótimo lugar para você fazer amigos.

2. Esforce-se para aprender, pois assim você terá muito assunto para conversar com as outras pessoas.

3. Tire notas boas. Isso pode valer recompensas com seus pais.

4. Estudar é uma oportunidade única, que muitas garotas infelizmente ainda não têm. Então aproveite!

5. Tirar notas boas nos primeiros bimestres pode livrá-la de muito estresse no final do ano. Lembre-se disso na próxima prova.

ESCOLA
EU ODEIO IR A ESCOLA!
DETESTO ACORDAR CEDO E IR PARA O COLÉGIO! DETESTO O ÔNIBUS DO COLÉGIO! ODEIO O UNIFORME DO COLÉGIO!
MAS EU ADORO JOGAR VÔLEI NO COLÉGIO... VER MEUS AMIGOS NO COLÉGIO... IMPLICAR COM O PROF. CHATONILDO NO COLÉGIO. ATÉ QUE O COLÉGIO NÃO É TÃO RUIM ASSIM!!!

Cinco coisas... sobre as provas.

Eu me lembro bem dos dias de provas. Eu suava frio até o momento de começar a fazer os exercícios. Mas você não precisa passar por isso. Dicas para se dar bem em qualquer prova:

1. Em primeiro lugar, use o raciocínio em qualquer prova (não ache que só as de matemática merecem esforço do seu cérebro!). Nem tudo na vida é "decoreba"!

2. Conte na prova o que você aprendeu sobre a matéria. Mesmo que a resposta não seja exatamente a que você deu, talvez dê para ganhar alguns pontinhos por chegar perto!

3. Entre na sala de aula com pensamentos positivos: "você sabe a matéria e vai se dar bem!".

4. Durma bem na noite anterior à prova. Estudar até 4 da manhã não fará com que você aprenda a matéria do semestre inteiro. Isso não é sinônimo de esforço! É burrice!

5. Estudar um pouco também faz bem!!! E ajuda a melhorar as notas.

A RESPOSTA DA SEGUNDA QUESTÃO É SIM OU NÃO?
NÃO SEI! MAS VOCÊ COLOCA SIM E EU COLOCO NÃO!
MAS ASSIM NÓS VAMOS ERRAR!
NÃO, ASSIM UMA DE NÓS VAI APRENDER!

Cinco coisas... que os professores não gostam.

A fase escolar é realmente difícil, mas pense bem: poderia ser pior se o professor não fosse com a sua cara! Então preste atenção nas coisas que os professores odeiam que a gente faça na sala de aula.

1. Deixar o celular ligado. Eles detestam isso!!!

2. Conversinhas paralelas na hora da explicação.

3. Brincadeiras maldosas usando o nome deles.

4. Dar desculpas esfarrapadas por não ter feito a lição.

5. Não seja desrespeitosa ao fazer suas reclamações.

BLA
BLA
BLA
YES!
10 PROVA

Cinco coisas... para se sair bem nas matérias que você odeia!

Algumas matérias podem se tornar um verdadeiro pesadelo na vida de uma garota. Se o professor não perceber que estamos com dificuldades, aí nem se fala. Não conseguimos nem dormir direito de tanta preocupação. Não passe por isso!

1. Mantenha sempre um canal de comunicação com seu professor, diga a verdade, ou seja, que não entendeu a matéria. É obrigação dele fazê-la entender. Então peça quantas explicações forem necessárias.

2. Aproveite bem a aula nas matérias que você adora. Assim em casa você se dedica apenas àquelas que você não está indo bem.

3. Eu sei que é difícil se concentrar nas aulas que são tediosas pra você. Mas faça um esforço, mude de lugar, fique mais próxima do professor. Assim, além de não dormir, você ainda vai aprender pelo menos o mínimo.

4. Tente ler outros livros a respeito da matéria e reportagens de revistas. Às vezes o livro usado na escola pode ter uma linguagem que você não entende, por isso a dificuldade.

5. Por fim, esforce-se em anotar as explicações dos professores e também tirar dúvidas com os colegas que gostam e vão bem nessa matéria.

O QUE VOCÊ ACHA...?
EU ACHO QUE VOCÊ...!
BOA IDÉIA HANNA! VOU FAZER ISSO AGORA MESMO!
ATÉ MAIS TARDE!
DÃO-SE CONSELHOS
GRÁTIS

Cinco coisas... que sempre pensamos quando nossa auto-estima está baixa.

A auto-estima é um termômetro de nossas emoções. Normalmente, quando estamos alegres, produtivos e cheios de energia, ela está em alta e ficamos superconfiantes. Mas basta algo dar errado na nossa vida que tudo desmorona. Aí começamos a nos sentir as piores sobre a face da Terra, com pensamentos como esses:

1. Que é azarada! (Credo, eu odeio essa palavra!)

2. Que é uma fracassada! (Não vamos exagerar!!!)

3. Que sua melhor amiga é melhor, mais bonita e mais inteligente que você! (Ela deve pensar a mesma coisa de você!)

4. Que o mundo odeia você. (Isso não é verdade!)

5. Que você não serve pra nada!!! (Xô pensamentos feios!!! Você não pode pensar assim, hein?)

JÚPITER E MERCÚRIO, BRIGAM NO MEIO-CÉU...
BRIGAM... COMO ASSIM?
AI!!! ESSE DIA COMEÇOU BEM!
ACHO QUE JÁ ENTENDI... O QUE ACONTECE... QUANDO TEM UMA BRIGA NO MEIO-CÉU!

Cinco coisas...
que enlouquecem uma garota.

Nós garotas estamos sempre a ponto de enlouquecer. Isso não é nenhuma novidade. Mas algumas coisas realmente passam de um simples estresse e podem virar caso de polícia!

1. Estar apertada e não ter onde fazer "xixi". Isso acaba com o nosso senso de direção!

2. TPM, um estado escandaloso!

3. Engordar um quilo (me deixa louca, e você?).

4. Quebrar uma unha, depois de meses esperando que ela cresça. Não tenho palavras!!!

5. Amar e não ser correspondida. Acaba com qualquer uma!

NÃO VOU ATENDER, NÃO QUERO FALAR COM NINGUÉM!
COMO POSSO SAIR COM ESSA UNHA QUEBRADA!!!
BUÁÁÁÁ´!!!!

Cinco coisas... que nos deixam doidas "varridas".

Nós mulheres não precisamos de desculpas para sair do salto. Volta e meia estamos dando um showzinho com direito a platéia e tudo. Não que isso seja legal, mas de vez em quando até que temos razão suficiente para surtar!

1. Saber que nosso ex (mas ainda) amor, já está com outra, quando ainda gostamos dele!

2. Entrar numa loja em promoção, com 80% de desconto. Principalmente se for da nossa grife preferida.

3. Saber que todos foram convidados pra uma superfesta badalada e você, não.

4. Tirar 10 na matéria do professor "Chatonildo". Só para lembrá-lo que você tem valor.

5. Rasgar a roupa nova na hora de sair de casa. Pior quando estamos atrasadas!

DANI, POR QUE VOCÊ ESTÁ DE TÊNIS NOVOS?
ANDANDO DE SKATE COM ELES, VOCÊ VAI ESTRAGÁ-LOS!
TUDO BEM, OS TÊNIS NÃO SÃO MEUS! SÃO DA GABY!

Cinco coisas... sobre as diferenças entre meninos e meninas.

Dizem (eu disse "dizem") que existem diferenças comprovadas entre homens e mulheres que vão além do físico. É no cérebro que se concentram algumas dessas diferenças que fazem de nós, garotas, difíceis de comprender.

1. Para começar, os cientistas dizem que o cérebro dos meninos é 10% maior que o das meninas. Mas isso não significa que eles sejam mais inteligentes que nós!

2. Por outro lado, somos mais cuidadosas e detalhistas.

3. Eles se concentram em uma coisa de cada vez. E nós em várias ao mesmo tempo.

4. Nós falamos 7.000 palavras por dia em média e eles (que são bem econômicos nesse aspecto!) falam apenas 3.000. Pura falta de assunto!!!

5. E, por isso tudo, somos mais observadoras. Conseguimos captar até 80% dos sinais corporais emitidos por uma pessoa. Eles não passam nem perto disso.

SABE O QUE O PEPE ME DISSE? QUE É MUITO MAIS LEGAL SER MENINO QUE MENINA!
É CLARO... ELE NÃO TEM TPM.
NÃO TEM QUE SE DEPILAR.
NÃO TEM CELULITE! NEM...
NEM...
ATÉ POR ISSO SÃO MENINOS!

Cinco coisas... sobre o bullying.

Só pra começar, acho essa história de se divertir com o sofrimento dos outros uma péssima idéia. Pode parecer divertido quando se está na pele de quem "zoa", mas pode ter certeza de que para quem é "zoado" não tem graça nenhuma. Veja o que é o bullying:

1. Bullying é crime. E pode ser punido com pena de detenção que varia de seis meses a dois anos.

2. Bullying é qualquer tipo de constrangimento e humilhação sofrida por crianças e adolescentes, incluindo aqui brincadeiras racistas.

3. Bullying pode deixar marcas negativas na auto-estima da adolescente que sofre os "ataques".

4. A vítima do bullying pode procurar o conselho tutelar da sua cidade para fazer uma queixa, que posteriormente será encaminha à escola e se necessário ao Juizado da criança e do adolescente.

5. Se você for uma vítima, reaja! E se você presenciar alguém sendo vítima de bullying, tome partido e defenda a vítima do agressor. Mas se você for o agressor... Sem comentários!!!

ESTÁ VENDO AQUELA GAROTA DE APARELHO...?
QUAL? A CLARA?
É! A MENINA COM BOCA DE METAL!
NÃO! O QUE EU ESTOU VENDO É UMA GAROTA SEM GRAÇA! ENTENDEU A PIADA?

Cinco coisas... para se defender do bullying.

O pior efeito do bullying é o que ele causa no psicológico da adolescente. Insegurança, baixa auto-estima, sensação de vazio e solidão. Essas coisas podem minar o seu futuro, pois colaboram para a formação de um adulto vulnerável. Então aprenda a se defender do bullying, e não se deixe abater. Essa é apenas uma fase da sua vida e tudo isso vai passar.

1. Procure os seus pais ou alguém mais velho e da sua confiança e conte o que está acontecendo. Procure ajuda para resolver o problema. Não tenha vergonha de pedir ajuda!
2. Arrume uma turma que se identifique com você. Faça os intervalos com eles e fique sempre próxima deles quando os "agressores" estiverem por perto.
3. Não ligue para as ofensas. Se eles falarem das suas origens étnicas, não dê importância, ria também da piada idiota e finja que não liga. Seja irônica! (Sei que esse não é um bom conselho, mas nesse caso os meios justificam os fins!)
4. Não fale mal, não chore, não demonstre medo ou rancor. Essas atitudes só aumentam a vontade deles de "zoar" você.
5. Nada de vingança! Além de não resolver o problema, isso pode deixar os "agressores" mais enfurecidos.

SABE A PATTY?
A DO SEGUNDO ANO?
É...ELA ME LEMBRA O MAR!
POR QUE? ELA É TRANQUILA E SERENA?
NÃO! PORQUE ELA ME ENJOA!

Cinco coisas... sobre como se sentir segura.

Sentir-se segura em determinadas situações traz a garantia de estar tranqüila e forte para cumprir qualquer tarefa. E ainda se dar bem!

1. Para se sentir segura é preciso ter certeza do que se quer.

2. Apreciar as estrelas, mas manter os pés colados no chão!

3. Afastar a ansiedade. Para isso você pode meditar!

4. Diga "xô" aos pensamentos negativos, pense coisas boas e elas acontecerão!

5. E, sobretudo, acredite em você! Tenha fé no seu potencial que o mundo a reconhecerá!

TUDO NA VIDA É UMA QUESTÃO DE REFERENCIAL.
COMO ASSIM?
DO QUE VOCÊ ESTÁ FALANDO DAILI?
MUITO SIMPLES... EU ADORO VERMELHO E VOCÊ ADORA O VERDE....
TÁ.... EU GOSTO DE ANIMAIS E VOCÊ DE COMPUTADOR... E?
VOCÊ É BONITA... E EU SOU INTELIGENTE!
O QUE SERÁ QUE O RICA PREFERE?

Cinco coisas... sobre a raiva!

A raiva é um sentimento que consome a gente. Às vezes não sabemos o que fazer com ela e extrapolamos da maneira errada. Então o que fazer quando se está com raiva?

1. Você sente raiva quando algo a incomoda. Não tente resolver o que está incomodando no momento do "pico" da raiva, pois você magoa as pessoas e também fica magoada.

2. Dê um tempo sozinha até a raiva passar.

3. Chorar também ajuda, mas não em público, pois, passada a raiva você pode se arrepender de ter dado "um show" sem necessidade!

4. Muito importante!!! Não desconte a sua raiva em quem não tem a ver com ela. Ninguém merece ser maltratado por causa do seu problema.

5. Depois que a raiva passar, volte ao início. Procure a pessoa que provocou a sua raiva e calmamente resolva o problema com ela.

NOSSA! ELE ESTÁ MESMO...
...NAMORANDO ESSA GAROTA FEIA!
FOFOCAS!
ELE FOI VISTO ENTRANDO NO....! ELA FEZ PLÁSTICA? EU SABIA!
FOFOCAS!
OI, GABY! VOCÊ NÃO ESTÁ TRISTE COM O QUE ANDAM DIZENDO DE VOCÊ POR AÍ, NÉ?
VOCÊ NÃO PODE LEVAR A SÉRIO!
EU ODEIO ESSA GENTE QUE SÓ SABE FALAR DA VIDA DOS OUTROS!!!
EU DETESTO FOFOCA!!!

Cinco coisas... sobre autoconfiança!

Taí uma coisa importante para a vida toda: autoconfiança! Essa postura ajuda você a conquistar os seus objetivos, realizar seus sonhos e conseguir o respeito das pessoas. Mas fique atenta, pois ser autoconfiante não significa ser autossuficiente (não precisar de ninguém!) ou dominadora (mandar nos outros sem levar em consideração a opinião deles!).

1. Ser autoconfiante é saber exatamente o que fazer para conseguir algo sem prejudicar os outros.

2. É colocar as suas melhores habilidades para conquistar algo sem medo de se arriscar.

3. É respeitar a opinião dos outros, sem deixar que eles a imponham a você!

4. É ter vontade e responsabilidade sobre as suas escolhas.

5. É não ter medo de buscar aquilo que você quer e não ter vergonha de pedir ajuda a quem possa ajudá-la.

ESSE "BICHO" VAI ME ENGOLIR!
DAILI SOCORRO! NÃO RI, NÃO. É SÉRIO!
DÁ UM CONTROL SHIFT + F5, ALT 167 * + HOME END // + SCROLL LOCK...
QUE TUDO SE RESOLVE!

Cinco coisas... sobre as pessoas arrogantes.

Arrogância é uma das coisas que mais me irrita nas pessoas. Acho que é inaceitável que uma pessoa ache que ela é a superpoderosa, insubstituível e inatingível. Todos nós temos conhecimentos e somos especialistas (ou tentamos ser) em alguma coisa. Mas, honestamente, saber tudo sobre tudo é impossível. Então, aprenda a ouvir os outros, por mais craque que você seja no assunto. Escute pelo menos para saber como as pessoas pensam!

1. As pessoas arrogantes não aprendem com as experiências dos outros.

2. A arrogância fecha portas.

3. Pessoas arrogantes são insuportáveis e por isso não têm muitos amigos.

4. Pessoas arrogantes não percebem que são assim, então tenha paciência com elas. Tente mostrar sutilmente um "espelho" para elas.

5. Olhe-se no "espelho" também, para saber se você não tem uma postura arrogante.

AI...
É DIFÍCIL
SER BOA!
MAIS
DIFÍCIL É NÃO
SER TÃO BOA
ASSIM!

Cinco coisas... sobre Grana! Mesada! Dinheiro!

Eu sei que nessa fase da vida temos pouca grana e muitos sonhos de consumo, mas as regrinhas abaixo vão ajudá-la a ter disciplina com dinheiro desde cedo e com isso você com certeza realizará todos os seus sonhos de consumo. Pode apostar!

1. Administre bem a sua mesada. Não gaste mais do que ganha para não ficar endividada.

2. Seja disciplinada e determinada. Foque em grandes objetivos que você ficará estimulada a poupar para concretizá-los.

3. Faça uma verdadeira investigação toda vez que for investir em alguma coisa. Faça uma ampla pesquisa de preço antes de comprar.

4. Em seu vocabulário, troque a palavra comprar por investir, pois até a compra de uma camiseta é um investimento. Compare qualidade *versus* preço e pense se vale a pena o investimento pela quantidade de vezes que você vai usá-la.

5. Não gaste dinheiro com coisas fúteis ou por impulso. Pessoas assim não conseguem guardar dinheiro!

NÃO SE ESQUEÇA DE PEGAR O TROCO!
QUE TROCO! ESTOU SUPER ESTRESSADA...
COM AS MILHARES DE PROVAS QUE TEREI NO COLÉGIO ESSA SEMANA...
E VOCÊ COM ESSE PAPO DE MALUCO!
É QUE VOCÊ ANDA SE COBRANDO TANTO...
QUE É MELHOR PEDIR O TROCO!

Cinco coisas... para conseguir uma mesada maior.

Não adianta choramingar. Se seus pais não aumentam sua mesada há anos, o caminho é outro!

1. Chame-os para uma boa conversa. Nada de berros, choros e afins. Imagine que você é seu pai e que está indo pedir um aumento ao chefe. Ele poderia chegar lá chorando ou gritando? Você também não!

2. Antes de falar com eles, trace uma estratégia. Leve o boletim com boas notas e pouquíssimas faltas, relatórios de trabalhos voluntários, quantas vezes você arrumou as suas coisas. Que pai teria coragem de negar um aumentinho de mesada a uma filha assim?

3. Mostre a eles, por meio de cálculos, que a mesada está muito curta para as suas necessidades. Coloque nessa lista apenas o essencial: lanche do colégio, cinema no final de semana, livros preferidos, CDs que gostaria de ter (mostre a eles quanto custa manter tudo isso), mas deixe bem claro que você não é consumista, apenas uma garota em busca de cultura!

4. Deixe claro que você pretende ser mais econômica e até guardar dinheiro, mas que, para isso, precisa de um aumento considerável, pelo menos 20%.

5. Mas, se mesmo assim você não conseguir, é porque os seus argumentos, ou suas notas, precisam ser melhorados. Espere mais dois ou três meses, reúna mais argumentos, e volte a insistir.

PAI... EU ESTOU PRECISANDO DE DINHEIRO. É QUE AS COISAS ESTÃO APERTADAS.
A INFLAÇÃO, O CÂMBIO, A MOEDA INSTÁVEL, A ALTA DO PETRÓLEO.
MAS ELE VAI PERGUNTAR O QUE TUDO ISSO TEM A VER COM O MEU PEDIDO DE AUMENTO DE MESADA...
SERÁ QUE ELE VAI PERCEBER QUE TIREI DEZ NA AULA DE ATUALIDADES?

Cinco coisas... para superar a timidez!

Você já entendeu o lado ruim da timidez? Então vamos nos livrar dela, agora mesmo!!!

1. Pense positivamente. Dê a si mesma o verdadeiro valor. Você não é menor, menos inteligente, ou pior do que os outros. Todos nós temos milhões de defeitos, aprenda a enxergar os seus e a conviver com eles.

2. Não seja tão crítica e exigente consigo mesma. Não tente ser perfeita, coloque charme nos seus defeitos, assim você vai se divertir com eles!

3. Valorize-se, aproveite e explore tudo que você tem de bom ou sabe fazer muito bem. Mostre esse seu lado às pessoas!

4. Medite, aprimore a sua respiração, faça treinamentos corporais como teatro ou ioga, algo assim. Essas técnicas ajudam a relaxar e definir uma postura nos momentos de tensão e medo!

5. Quando estiver em público, pense que as pessoas não estão olhando para você, pois não estão mesmo. Muitas vezes as pessoas, assim como você, olham e não vêem (olham em uma direção, mas estão com o pensamento longe), e você já acha que estão reparando em você.

SORRIA!!
SAIBA OUVIR!!
SEJA SIMPÁTICA!!
POP.

Cinco coisas... sobre depressão.

Estar deprimida é um verdadeiro pesadelo. Muitas vezes a família acha que estamos com frescura e não leva a sério os sintomas da depressão, que na verdade é uma doença grave!

1. Não ver graça nas coisas legais da vida.
2. Estar sem vontade de sair ou não conseguir se divertir.
3. Vontade incontrolável de chorar; desânimo e cansaço.
4. Preguiça de falar e falta de vontade de sair da cama.
5. Vontade imensa de ficar só. Solidão é a maior companheira da depressão. A garota com depressão acaba ficando sozinha com seus medos e angústias.

Cinco coisas... para sair da depressão.

1. Respire fundo, tome um bom banho, coloque uma roupa limpa e confortável e saia de casa para dar uma volta e ver pessoas.

2. Alongue-se e abra um grande sorriso, mesmo que seja forçado. Exercite o hábito de sorrir!

3. Procure as pequenas delícias e belezas da vida.

4. Busque apoio da família e retome as suas atividades normais — escola, academia (aliás, exercícios físicos ajudam a superar a depressão).

5. O apoio de um profissional (psicólogo) também é fundamental para você entender o momento que está vivendo e superar rapidamente a crise.

Cinco coisas... sobre a ansiedade.

A ansiedade nada mais é que uma tentativa obstinada de controlar a coisa mais incontrolável do mundo: o minuto seguinte!

1. É impossível controlar o futuro! Entenda isso!

2. Quem vive sofrendo por antecipação acaba sofrendo duas vezes, antes e durante os acontecimentos.

3. Sempre que estiver ansiosa tente relaxar, pense em outras coisas, vá se divertir e tente não ficar falando ou pensando no assunto que está deixando você ansiosa!

4. A ansiedade pode afetar até o seu organismo, causando desconforto físico, como dor de barriga, suor exagerado, tremores etc.

5. Se você for extremamente ansiosa, procure um médico. Há casos em que é preciso medicação (eu disse extremamente!).

O QUE FOI HANNA?
NADA! É QUE NINGUÉM ME OUVE...
NINGUÉM QUER SABER DOS MEUS PROBLEMAS, NINGUÉM FALA COMIGO...
MAS QUAL É O PROBLEMA HANNA?
VOCÊ ESTÁ CHATEADA?
NADA!
JÁ DISSE QUE NADA!
SERÁ QUE NINGUÉM ME OUVE?

Cinco dicas... para conquistar tudo o que deseja.

Sonhar é absolutamente necessário, mas realizar é primordial!

1. Para realizar seus sonhos, seja perseverante!

2. Seja organizada, determinada e planeje tudo em detalhes.

3. Trabalhe duro para realizar seus sonhos.

4. Não espere ajuda de ninguém e muito menos que o caminho seja fácil!

5. Tenha fé e acredite no seu potencial!

EU ACHO QUE NÃO ME ESQUECI DE NADA!
EU TAMBÉM JÁ TERMINEI!
ESPEREM... EU AINDA NÃO TERMINEI!
PRONTO... ACHO QUE ISSO É TUDO!
MAS ESSA LISTA....
É MUITA DISPOSIÇÃO!
VOCÊ VAI PRECISAR DE PELO MENOS UM SÉCULO PARA REALIZAR!

Cinco dicas... para ter uma vida mais leve!

Qualidade de vida! Essa é a atitude da moda. É tudo que uma pessoa quer, não importa a idade. Para ajudar a ter uma vida com muita qualidade e felicidade, aqui estão algumas dicas:

1. Tenha um bichinho de estimação!

2. Procure manter a paz no seu lar!

3. Curta todos os momentos como se fosse o último bombom da caixa!

4. Seja boa em tudo que se propuser a fazer!

5. Deseje coisas boas ao mundo, que ele com certeza retribuirá!

QUEM DISSE QUE
BICHO DE ESTIMAÇÃO,
TORNA SUA VIDA
MAIS LEVE?

Cinco coisas... para ser FELIZ!

Feliz! Feliz! Feliz! Nunca se esqueça de que na vida o que importa mesmo é ser feliz! Fique ligada nessas dicas:

1. Tenha uma palavra de ordem. Aquela que a fortalece nos momentos mais difíceis. A minha é PERSEVERANÇA!

2. Trate-se bem e valorize tudo que você tem de bom. Assim as pessoas também valorizarão!

3. Lembre-se de que: "A felicidade não está nos seus sonhos, ela está nas suas conquistas!"

4. Não se venda! Tudo na vida tem seu preço, mas você é PRECIOSA!

5. E mais: "Ser feliz não significa a ausência de problemas e preocupações, e sim a maneira (inteligente) como nós os administramos!"

NA VIDA NÓS TEMOS QUE RESPIRAR FELICIDADE...
TRANSPIRAR ALEGRIA!
ACHO QUE NÃO ESTOU MUITO ALEGRE HOJE!

Cinco coisas... sobre reciclagem!

Reciclagem é a "velha" onda que nunca sai de moda. O planeta precisa que nós, garotas descoladas e conscientes de nossos deveres, façamos alguma coisa para impedir a destruição de tudo que precisamos para sobreviver: o meio ambiente!

1. O Brasil gera 230 mil toneladas de lixo por dia, imagine tudo isso amontoado no seu quintal!!!

2. Cada brasileiro, incluindo você, gera de meio a um quilo de lixo por dia.

3. Essa é boa! Sabe aquele chicletinho inofensivo que você adora? Pois é, quando você o joga na natureza, ele demora até cinco anos para se decompor. Credo, eu nunca mais engulo um chiclete!!!

4. A decomposição de alguns materiais na natureza é muito lenta, por isso é importante descartarmos adequadamente o nosso lixo.

5. 35% do lixo coletado das cidades poderia ser reciclada, outros 35% poderiam ser usados como adubo orgânico e sobrariam apenas 30% para nós nos preocuparmos.

QUAL É O SEU ESTILO CAROL?
VOCÊ SE CONSIDERA FASHION?
MODERNINHA? PATRICINHA?
RETRÔ? DARK? ECLÉTICA? FOLK? GIRLY...
EU ACHO QUE EU SOU NORMAL!

Cincos coisas... que você pode fazer para ajudar a natureza.

1. Evite carregar objetos ultra-embalados, tipo uma caixinha-dentro-de-um-saquinho-dentro-de-uma-sacola-dentro-de-outra-sacola.

2. Seja fiscal da água na sua casa. Fique de olho e evite o desperdício.

3. Desligue a luz se não estiver usando; desligue a TV se não estiver assistindo; desligue o computador se não for mais usar etc.

4. Nunca jogue lixo em rios, terrenos baldios, ruas, praças, lagos ou no mar. Além de ser um comportamento feio e lamentável, destrói a natureza e causa enchentes nas cidades.

5. Converse com os vizinhos e sugira a coleta seletiva do lixo. Isso ajuda na reciclagem e ainda gera emprego nas comunidades carentes!

Cinco dicas... para tirar "10" nas provas!

Eu sei que estudar às vezes pode parecer chato, mas é superimportante para o nosso desenvolvimento intelectual e para que possamos ser alguém no futuro. Então, já que é inevitável, vamos fazer bem-feito?

1. Você já ouviu dizer que beber muita água é bom para a pele, para o corpo, que ajuda emagrecer... Mas você sabia que a água é ótima também para o cérebro? A água estimula o cérebro, você desperta e fica muito mais atenta.

2. A prática de esportes e o condicionamento físico também ajudam nos estudos. Quando seu corpo está acostumado à movimentação, fica mais difícil a preguiça chegar. E cá entre nós, a preguiça é a maior inimiga dos estudos.

3. Tenha um cantinho de estudos só seu, um local agradável e tranqüilo. Assim fica mais fácil se concentrar para estudar.

4. Seja disciplinada. Reserve sempre o mesmo horário para estudar sem interrupções.

5. Nunca tente estudar assistindo à televisão. Não dá certo!!!

EBÁ! FÉRIAS... FINALMENTE!
É MESMO ADORO FÉRIAS.
NOSSO ROTEIRO DE FÉRIAS INCLUI 10 DIAS NO ACAMPAMENTO...
...OS DIAS NO CURSO EXTRA DE INGLÊS...
...MAIS 03 NA CASA DE PRAIA E 02 JOGOS DE...
AHHH!!! NÃO!!!
QUANDO NÓS VAMOS DESCANSAR?

Cinco coisas... que também funcionam na hora de estudar!

1. Antes das provas nada de “balada”! Uma boa noite de sono fará muito bem ao seu corpo e à sua mente.

2. Use canetas de várias cores durante a aula. Faça anotações coloridas e crie sinais para que você possa identificar o grau de importância daquela anotação.

3. Leia a matéria do dia ao chegar em casa. Você pode não perceber, mas isso vai ajudá-la a manter viva a matéria dentro da sua cabeça, pode acreditar!!!

4. Em época de provas, quando todas caem na mesma semana, estabeleça horários de estudos com pausas entre as matérias. Durantes as pausas tome um suco, assista à TV, ouça uma música. Enfim, relaxe um pouco antes de estudar a próxima matéria.

5. Planeje seus estudos, estabeleça metas e organize seu material. Cadernos, livros, blocos de anotações, quanto mais organizados, mais fácil fica na hora de estudar.

A PARTIR DE AGORA EU VOU SER UMA ÓTIMA ALUNA! ESTÁ DECIDIDO... VOU PARA A ESCOLA TODOS OS DIAS... NÃO VOU MAIS CABULAR AULAS..., VOU FAZER TUDO QUE O PROFESSOR CHATONILDO PEDIR..., VOU TIRAR BOAS...
TRINNNN!
TRINNNN!
AI! JÁ TÁ NA HORA DE IR PARA A ESCOLA? OU SERÁ QUE EU ESTAVA SONHANDO! QUERO DORMIR MAIS UM POUQUINHO!

Cinco coisas... das quais nos arrependemos.

Existem coisas que nos deixam furiosas. Muitas delas são relacionadas aos garotos. É! Essa "raça" que nos atrai de uma forma inexplicável e incoerente. Afinal, por que que nós (seres evoluídos) precisamos tanto deles? Fala sério!

1. Ficar esperando aquele telefonema (que nem sempre vem!) no dia seguinte.

2. Querer tanto um príncipe encantado até perceber que na vida real (eu disse na vida real, novela não conta!) só existem sapos.

3. Sentir ciúmes de todas as namoradas que ele já teve, ou terá!

4. Arrumar-se toda para um encontro e gastar uma fortuna na produção, e ele só lhe diz: "E aí, gata?!" (Como assim?).

5. Falar bem dele para todas as suas amigas e depois descobrir que uma delas se empolgou e resolveu fazer um "test-drive". Meninas, prestem atenção! Não façam propaganda do namorado como se ele fosse o último lançamento de um xampu.

QUANDO EU CRESCER QUERO SER POLÍTICA!
POR QUE POLÍTICA? VOCÊ QUER AJUDAR AS PESSOAS? ORGANIZAR O PAÍS? FAZER...
NÃO! QUERO TER IMUNIDADE PARLAMENTAR!

Cinco coisas... sobre a autora!

É muito difícil pra mim me descrever em apenas cinco itens. Mas como a maioria de vocês já me conhece de outros "carnavais", fica mais fácil!

1. Meu nome é Drica Pinotti, tenho trinta e uns (pouquinhos!) anos, sou escritora (óbvio!), estilista e autora dos livros *De menina a mulher* 1, 2, 3 e 4, *Sexo é hora de conhecer* e agora da coleção *Cinco coisas...*

2. Drica em cinco palavras: Curiosa, dengosa, corajosa, ousada e teimosa! Pôxa, cinco palavras não dão nem pra começar... E os defeitos?

3. Nasci em Sampa (São Paulo), sob o signo de peixes. Meu ascendente também é peixes!

4. Patinar, escrever, ler, "tricotar com as amigas", ir à academia são as cinco coisas que mais gosto de fazer quando não tenho nada pra fazer! Além de namorar, é claro!

5. Amo meu trabalho e tudo que me comprometo a fazer. Acho que é esse o segredo do sucesso!

8
30
28
29
7
26

Cinco coisas... sobre Gratidão!!!

Uma das coisas que faz uma pessoa ser bonita por dentro é essa "tal" de gratidão! É saber reconhecer quem está ao seu lado e lhe dá apoio incondicional. Reconhecer que essas pessoas são importantes na sua vida é fundamental para que elas sintam que valeu a pena estar com você e, assim, continuem com você!

1. Gostaria de agradecer a toda a equipe da editora! Meninas, acreditem, eles são demais!!!!
2. Dizer ao maridão que ele é ótimo e muito compreensivo. Isso ajuda muito a me acalmar nos meus momentos de estresse!
3. Agradecer aos amigos e parentes pela paciência nos meus momentos criativos, pois fico insuportável às vezes! Só às vezes!!!
4. Agradecer ao Zette e ao Fabrício, que me ajudaram nesse projeto e em outros!
5. E principalmente agradecer a vocês, por lerem os meus livros e me mandarem toda a energia boa de que preciso para embarcar de cabeça em outros "bons e novos" projetos! Obrigadão!!!

Beijos da sua amiga,
Drica Pinotti

Conheça também os outros livros da Drica Pinotti!

De Menina a Mulher
168 p.
ISBN 85-871-2222-3

De Menina a Mulher 2
144 p.
ISBN 85-871-2231-2

De Menina a Mulher 3
176 p.
ISBN 85-871-2247-9

De Menina a Mulher 4
168 p.
ISBN: 85-352-1470-4

Sexo: é hora de conhecer
184 p.
ISBN: 85-871-2264-9

Leia também os outros livros da coleção Cinco coisas...!

Cinco coisas... sobre beleza, moda e comportamento!
96 p.
ISBN: 85-352-1886-6

Cinco coisas... sobre relacionamentos e amizades!
96 p.
ISBN: 85-352-1889-0